KOLJA KRAMER

# Die Korrespondenz

## von François-Rupert Carabin

## mit der Wiener Secession

KOLJA KRAMER

# Die Korrespondenz
## von François-Rupert Carabin
## mit der Wiener Secession

Abbildung cover & rechts:
Charles Maurin, *Porträt von François-Rupert Carabin*
1892, Öl auf Leinwand, 45 x 37 cm
© Credit line: Musée Crozatier, Le Puy-en-Velay © Luc Olivier

Abbildung cover & Folgeseite links:
P. Leclerc (Verlag) Wien, *Naschmarkt. Theater a. d. Wien. Magdalenenstraße. Secessions-Ausstellung. Marc-Antoniusgruppe von Alfred Strasser*, nach 1904,
© Credit line: Wien Museum Inv.-Nr. 58891/388
CC0 (https://sammlung.wienmuseum.at/objekt/94763/)

Gewidmet meiner Familie.

Bibliografische Information der Deutschen Nationalbibliothek:

Die Deutsche Nationalbibliothek verzeichnet diese Publikation in der Deutschen Nationalbibliografie; detaillierte bibliografische Daten sind im Internet über http://dnb.dnb.de abrufbar.

© 2025 Kolja Kramer

Lektorat: Theodoria von Taubenstein

Verlag: BoD · Books on Demand GmbH, In de Tarpen 42, 22848 Norderstedt, bod@bod.de
Druck: Libri Plureos GmbH, Friedensallee 273, 22763 Hamburg

ISBN: 978-3-7693-5723-3

Charles Maurin, *Porträt von François-Rupert Carabin*
*Öl auf Leinwand, 1892*

P. Leclerc (Verlag), *Wiener Secession*
Postkarte, nach 1904

# Inhalt

# Einleitung

François-Rupert Carabin (1862–1932) wurde insbesondere für seine kunstvoll geschnitzten erotischen Möbelstücke und Bronzefiguren sowie andere außergewöhnliche Objekte berühmt. Aus kunsthistorischer Perspektive gilt er als einer der bedeutendsten avantgardistischen Kunsthandwerker, Möbeldesigner und Bildhauer seiner Zeit.[1] Er lebte und arbeitete in Paris, war aber auch Mitglied der Wiener Secession und präsentierte seine Werke dort regelmäßig seit deren erster Ausstellung.[2]

Die Korrespondenz Carabins mit der Wiener Secession bezieht sich nicht nur auf seine eigenen Werke und deren Ankunft in Wien, sondern auch auf seine Tätigkeit als Delegierter und Kunstmanager der Wiener Secession. In dieser Funktion war er damit beauftragt, in Paris französische Kunstwerke anderer Künstler für die Ausstellungen der Wiener Secession zu beschaffen. Besonders aufgrund dieser Tätigkeit wurde Carabin zu einem zentralen Vermittler zwischen Paris und Wien für die Verbreitung des französischen Impressionismus und der Avantgarde. Für Wien war er sogar einer der Hauptakteure innerhalb des Beziehungsnetzes, das die Ankunft dieser Kunst um 1900 ermöglichte, und somit von großer Bedeutung für den kunsthistorischen Themenkreis `Wien um 1900´. Als gut vernetzter Künstler und Kunstfunktionär stand er in Kontakt mit Künstlern, Kunstinstitutionen, Sammlern, Händlern, Kunstschriftstellern, Spediteuren und anderen Akteuren der Kunstszene. In seinen im Folgenden zu lesenden Briefen an die Wiener Secession erfahren wir nicht nur von seinen weitreichenden Verbindungen besonders in der europäischen Kunstmetropole Paris, der Stadt, in der er lebte, sondern auch, dass Carabin mit einigen der bedeutendsten Künstler seiner Zeit in Kontakt stand – darunter Degas, Monet, Toulouse-Lautrec, Signac, Vallotton und Vuillard.

Bereits im Jahr 2000 habe ich mich im Rahmen meiner wissenschaftlichen Forschungen in der Wiener Secession mit Carabin beschäftigt und seine Korrespondenz gesucht, zusammengestellt und transkribiert. Für diese Möglichkeit bin ich noch immer Herrn Paul Rachler und Frau Margarete Szeless, die damals das Archiv der Wiener Secession betreuten, sehr dankbar. Mein besonderer Dank gilt ebenso Frau Tina Lipsky, die das Archiv der Wiener

Secession heute verwaltet, für ihre ebenso freundliche Unterstützung meiner Forschungsarbeiten.

Die Transkription der Schreiben Carabins war seinerzeit notwendig, da die von Carabin handschriftlich verfassten Dokumente schwer lesbar waren und mit diesen erst nach Entzifferung seiner Handschrift gearbeitet werden konnte. Schon bald darauf traten zahlreiche Details und Zusammenhänge zutage, sodass erste Schlussfolgerungen gezogen werden konnten. Da diese Erkenntnisse bis dahin weder in die Carabin-Forschung noch in die Forschung zum Themenkreis `Wien um 1900´ eingeflossen waren, habe ich sie in meine Publikationen der Jahre 2003 und 2022 aufgenommen – insbesondere jedoch in meine Arbeit *Carabin und die Wiener Secession* aus dem Jahr 2024.[3] Diese Publikation legt einen besonderen Fokus auf Carabin als Delegierten der Wiener Secession und auf seine Rolle bei der Ankunft des französischen Impressionismus und der französischen Avantgarde in Wien um 1900. Wie bereits bei meinen Veröffentlichungen von 2003 und 2022 bildete auch für meine Publikation von 2024 das Primärquellenmaterial der von Carabin verfassten Korrespondenz an die Wiener Secession eine wichtige Grundlage. Jedes einzelne Schreiben Carabins wurde dafür eingehend analysiert, Namen und Inhalte wurden untersucht und in ihren größeren Zusammenhang gestellt. Besonders die Publikation *Carabin und die Wiener Secession* ist somit eng mit der vorliegenden verknüpft und basiert zu einem wesentlichen Teil auf den im Folgenden zusammengestellten Briefen Carabins an die Wiener Secession.

Ausstellungskataloge und andere Quellen, die lediglich auf die tatsächliche Präsenz von Kunstwerken in Wien verweisen, spiegeln nur wider, was letztendlich realisiert wurde. Wünsche, Intentionen und Bemühungen lassen sich aus solchen Quellen nicht ablesen. Die Beschäftigung mit dem Primärquellenmaterial der Korrespondenz Carabins mit der Wiener Secession zeigte aber, dass Inhalte dieser Briefe über die bekannten Fakten hinausgehen. Die Briefe bestätigen nicht nur die tatsächliche Präsenz von Kunstwerken französischer Impressionisten und Avantgardisten in der Wiener Secession, sondern machen auch sichtbar, welche Künstler und Kunst die Secession zusätzlich gewinnen wollte – Informationen, die Ausstellungskataloge und andere Quellen nicht liefern können. Gerade deshalb ist die Korrespondenz Carabins so wertvoll und gibt uns heute aufschlussreiche Einblicke in das innere Bestreben der jungen Vereinigung. Die Korrespondenz Carabins zeigt konkret, dass die Wiener Secession bereits früher, als es bisher durch

Ausstellungskataloge, Dokumente und Publikationen zum Thema ersichtlich war, Werke französischer Impressionisten und Avantgardisten dem Wiener Kunstpublikum präsentieren wollte. Es wird deutlich, dass sich die Wiener Secession intensiver und früher als bislang angenommen um diese Werke bemüht hat. Die Analyse der Korrespondenz Carabins mit der Wiener Secession ergab konkret, dass die bewusste Hinwendung der Wiener Secession zur Beschaffung von Kunstwerken der großen Klassiker des französischen Impressionismus und Avantgardisten weiter zurückdatiert werden muss - nachweislich mindestens auf das Jahr 1899.[4] Dies ändert zwar nichts an der insgesamt späten Rezeption des französischen Impressionismus und der französischen Avantgarde in Österreich. Doch die Briefe Carabins verdeutlichen, dass bereits in der Anfangszeit der Wiener Secession - gemeinsam mit Carabin - aktiv daran gearbeitet wurde, eine frühere und stärkere Präsenz der französischen Moderne in Wien zu ermöglichen. Ohne die Berücksichtigung der Korrespondenz Carabins wäre das Engagement Carabins für Wien um 1900 heute kaum in seinem Ausmaß bekannt.

Ein Beispiel für frühe Wünsche und Zuwendungen der Wiener Secession zu dieser Kunst, das auch aus der Korrespondenz Carabins mit der Wiener Secession hervorgeht, ist, dass Carabin bereits im Auftrag der Wiener Secession unter dem zweiten Präsidenten Josef Engelhart - Nachfolger Gustav Klimts - versuchte, Claude Monet für die Teilnahme an einer Ausstellung der Wiener Secession im Jahr 1899 zu gewinnen. Dies geschah ein Jahr nach der allerersten Ausstellung der Wiener Secession (26. März 1898 bis 20. Juni 1898). Monets Teilnahme scheiterte jedoch am mangelnden Interesse seines Pariser Kunsthändlers Paul Durand-Ruel (1831–1922), der damals über dessen gesamte Kunstproduktion verfügte. Nach seiner Erfahrung mit der Belieferung des Wiener Künstlerhauses im Jahr 1898 versprach er sich im Jahr darauf von Wien zu wenig Verkäufe und betrachtete den Wiener Kunstmarkt im Vergleich zu Paris, Berlin und anderen Metropolen als unattraktiv. Bereits diese erste, aus der Carabin-Korrespondenz rekonstruierbare Episode zeigt, dass der Kunstgeschichte hinzugefügt werden muss, dass die Wiener Secession - wenn es allein nach ihrem Wunsch gegangen wäre - bereits 1899 Werke Claude Monets hätte zeigen können und nicht erst 1903, wie dann geschehen.[5]

Weitere Anekdoten, die nach meiner Beschäftigung mit Carabin und seiner anhand der Einsichtnahme seiner Korrespondenz gut nachvollziehbaren Beziehung zur Wiener Secession erzählt werden konnten, wie schon in meiner

Publikation *Carabin & die Wiener Secession* von 2024 geschehen, bestätigen die frühen Bestrebungen innerhalb der Wiener Secession um 1900, Werke der bedeutendsten Meister der französischen Moderne ausstellen zu wollen.

Die meisten der diesen wichtigen Zusammenhang bestätigenden Briefe Carabins an die Wiener Secession stammen aus der Zeit der ersten bewussteren Hinwendung zu Originalwerken der bedeutendsten französischen Impressionisten und Avantgardisten in Wien. Diese Phase umfasst etwa die Zeit der ersten Präsenz Monets in Wien im Wiener Künstlerhaus im Jahr 1898 bis zur großen Impressionismus-Ausstellung der Wiener Secession im Jahr 1903 – die XVI. Secessionsausstellung *Die Entwicklung des Impressionismus in der Malerei und Plastik*. In dieser Ausstellung waren schließlich Werke der wichtigsten Klassiker des Impressionismus wie Manet, Monet, Degas und Renoir zu sehen, ebenso wie bedeutende Vorläufer wie Goya oder Corot und Nachfolger des Impressionismus, darunter Bonnard, Denis, Gauguin, Signac, Toulouse-Lautrec, Vallotton und Vuillard. Diese Ausstellung war die vorerst letzte derartige Ausstellung in der Wiener Secession, denn erst 65 Ausstellungen später, erst 1925 wurden mit der Ausstellung *Die führenden Meister der französischen Kunst im XIX. Jahrhundert* wieder Werke französischer Impressionisten und Avantgardisten im Haus der Wiener Secession gezeigt.[6] Die in der Wiener Secession aufgefundene und für diese Publikation vollständig bearbeitete Korrespondenz Carabins mit der Wiener Secession stammt aus den Jahren 1899 bis 1906. Sie wurde somit in dieser ersten Phase der Zuwendung der Wiener Secession zur französischen Moderne geführt. Insgesamt wurden 29 Schriftstücke identifiziert, die Carabin an die Wiener Secession gerichtet hat – sie wurden sämtlich in vorliegende Publikation aufgenommen.

In seiner Korrespondenz aus nur dem Zeitraum von 1899 bis 1903 sieht man deutlich, wie Carabin in Paris damit beschäftigt war, Kunstwerke herausragender Künstler der französischen Moderne für die Wiener Secession zu beschaffen. Wie bereits erwähnt, nennt er in seinen Schreiben in diesem Zeitraum Namen bedeutendster französischer Künstler wie Degas, Monet, Toulouse-Lautrec, Signac, Vallotton und Vuillard. Carabin bemühte sich in Paris aktiv um die Beschaffung von Werken dieser und anderer bekannter Künstler für die Wiener Secession – und der Abgleich mit den Ausstellungskatalogen zeigt, dass er in vielen Fällen sehr erfolgreich für Wien war. Seine Korrespondenz macht schnell deutlich, welchen maßgeblichen Anteil er daran hatte, dass nach der Gründung der Wiener Secession am 3. April 1897 bis zur großen Impressionismus-Ausstellung im Jahr 1903 Werke der Klassiker des französischen Impressionismus und der französischen Avantgarde – jener für Wien um 1900 noch neuen modernen Kunst – schließlich auch Dank der Vorarbeit und Mitwirkung Carabins in der Wiener Secession präsentiert werden konnten.

Während seine Briefe aus dieser Zeit zahlreiche Namen der bekanntesten Künstler der französischen Moderne enthalten, verschwinden diese nach der Impressionismus-Ausstellung von 1903 in seinen Briefen an die Wiener Secession vollständig. Es gibt dann auch grundsätzlich keine Hinweise mehr auf Bemühungen Carabins, Werke auch anderer Künstler und Kunstrichtungen für die Wiener Secession zu beschaffen. Stattdessen konzentrieren sich seine späteren Schreiben ausschließlich auf seine eigene Präsenz als selbst ausstellender Künstler mit seiner eigenen Kunst in den Ausstellungen der Wiener Secession. Carabins eigene Werke in Ausstellungen der Wiener Secession wurden im Anhang aufgelistet. Das Fehlen der Repräsentanten der französischen Moderne in Carabins Korrespondenz nach 1903 deckt sich mit der Tatsache, dass diese Künstler nach 1903 bis zur erwähnten Impressionismus-Ausstellung des Jahres 1925 in der Wiener Secession nicht mehr vertreten waren. Während die Wiener Secession Carabin in ihrer Frühzeit bis zur Impressionismus-Ausstellung von 1903 noch beauftragt hatte, Werke der wichtigsten Vertreter des französischen Impressionismus und der Avantgarde zu beschaffen, kamen also die organisatorischen Aktivitäten nach 1903 abrupt zum Erliegen – offensichtlich parallel zum nach 1903 schwindenden Interesse der Wiener Secession an diesen Künstlern und deren Kunst.

Es liegt auf der Hand, dass der Delegierte Carabin bei seinen Bemühungen für die Wiener Secession nicht allein war. Zwar war er weder der Einzige noch der wichtigste Protagonist dieser Geschichte, doch gehörte er zweifelsfrei neben Paul Cassirer, Paul Durand-Ruel, Bernheim, Viau, Meier-Graefe, Engelhart, Moll, Bernatzik und anderen zu den bedeutendsten Akteuren im Netzwerk für die Ankunft des französischen Impressionismus und der französischen Avantgarde in Wien um 1900.[8] Die Beschäftigung mit Carabin und seiner Beziehung zur Wiener Secession anhand seiner Korrespondenz mit der Wiener Secession ermöglicht uns heute einen wertvollen Einblick in die Arbeit von diesem wichtigen Mittelsmann in Paris für die Wien sowie in die Art und Weise, wie er in Paris Werke für Wien organisierte. Seine eigenhändig verfassten Schreiben an die Wiener Secession geben uns noch heute auf sehr persönliche, authentische und leicht nachvollziehbare Weise Einblicke zu den Wünschen, Aufgaben und Herausforderungen, mit denen Carabin konfrontiert war und er schreibt von seinen Erfolgen ebenso wie von Misserfolgen im Rahmen seiner Tätigkeiten für die Wiener Secession.

Die Primärquellen der einzelnen Korrespondenzstücke von François Rupert Carabin mit der Wiener Secession kann auch für weitere kunsthistorische Forschungen von Bedeutung sein. Daher stelle ich mit vorliegender Publikation die Grundlage meiner Arbeit und meiner Hauptveröffentlichung von 2024 *Carabin & die Wiener Secession* der Forschungsgemeinschaft zur Verfügung. Sie umfasst im Folgenden meine Transkription des gesamten Primärquellenmaterials der Schreiben Carabins an die Wiener Secession mit Namensindex. In letzterem wurden sämtliche in der Korrespondenz erwähnten Personen aufgelistet, was dabei helfen soll, sich rasch einen Überblick verschaffen, relevante Akteure identifizieren und ihre Verbindungen zu Carabin nachvollziehen zu können. Vielleicht trägt vorliegende Veröffentlichung dazu bei, dass Carabin im Rahmen zukünftiger Forschungen zu den vielen auch im Namensindex zu den Briefen schnell zu findenden, kunsthistorisch so bedeutsamen Persönlichkeiten noch intensiver berücksichtigt wird. Möge die Korrespondenz Carabins mit der Wiener Secession eine hilfreiche und inspirierende Grundlage für weitere Recherchen, Forschungen und Publikationen sein.

Wien, 19. Februar 2025

# Anmerkungen

Zu Carabin s. die Lebensdaten und die Literaturliste im Anhang.

[2] Zur Präsenz von Werken Carabins in den Ausstellungen der Wiener Secession s. Anhang.

[3] Kolja Kramer: *Carabin und die Wiener Secession – Die Rolle des Delegierten im Beziehungsnetz der Wiener Secession bei der Ankunft des französischen Impressionismus und der französischen Avantgarde in Wien um 1900 – Wie die Wiener Secessionisten Carabin, Engelhart, Moll und Bernatzik Werke von Bonnard, Degas, Denis, Manet, Monet, Pissarro, Renoir, Signac, Sisley, Morisot, Toulouse-Lautrec, Vallotton, Vuillard etc. für Wien organisierten*, BoD, Norderstedt 2024.

[4] Zur früheren Präsenz von Werken französischer Impressionisten im Wiener Künstlerhaus zählen die fünf Grafiken von Manet (1877; siehe Kramer 2022, S. 25 ff.), Sisleys Gemälde (1894; s. Kramer 2022, S. 25 ff.), zwei Gemälde von Monet (1898; s. Kramer 2022, S. 40 ff.) sowie ein Pastell von Sisley (1899; s. Kramer 2022, S. 44 ff). Deren Präsentation im Wiener Künstlerhaus wirkte noch weniger als bewusste Hinwendung zur Kunst des Impressionismus oder der französischen Avantgarde, sondern eher zufällig. Entsprechend hingen sie dort ohne klaren kunsthistorischen Kontext zwischen Hunderten anderer, bunt durchmischter Werke, vornehmlich aus dem künstlerischen Establishment.

[5] S. Kramer 2024, Kapitel „Carabins Bemühungen um Kunst von Monet für Wien", S. 176 ff., sowie zur tatsächlichen Ankunft der ersten Werke Monets in Wien im Wiener Künstlerhaus Kramer 2022, Kapitel „Monets Gemälde vom Einlieferer Durand-Ruel (1898)", S. 40 ff., sowie den Katalog der Jubiläums-Kunstausstellung (Künstlerhaus Wien 1898, Wien, 19. April 1898, Kat.-Nr. 664 und 656). Zur Präsenz von Monets Arbeiten in Wien s. zudem Kramer 2022, „Kapitel Die Impressionismus-Ausstellung (1903)", S. 84 ff., und Kramer 2024, Kapitel „Carabin und die Impressionismus-Ausstellung der Wiener Secession von 1903", S. 233 ff., sowie den Katalog der XVI. Ausstellung der Wiener Secession, Kat.-Nr. 37–44.

[6] S. Katalog der LXXXII. Ausstellung der Wiener Secession: „Die führenden Meister der französischen Kunst im XIX. Jahrhundert". Diese Ausstellung fand zwar noch in den Räumen der Wiener Secession statt, wurde jedoch nicht mehr von der weiterhin bestehenden Wiener Secession selbst organisiert, sondern vom Wiener Verein der Museumsfreunde. Die praktische Durchführung übernahm weitgehend der ehemalige Wiener Secessionspräsident Carl Moll,

der bereits 1905 aus der Wiener Secession ausgetreten war.

[7] Bei der Arbeit mit den Dokumenten sollte stets berücksichtigt werden, dass aufgrund früherer, teils gänzlich anderer Wertschätzung, Ordnungs- und Archivierungspraktiken nicht alle Schreiben Carabins an die Wiener Secession vollständig erhalten geblieben sein könnten. Die Wiener Secession verfügte bis 1898 zudem noch über kein eigenes Gebäude und nutzte zunächst lediglich eine provisorische Adresse in der Gartenbaugesellschaft am Parkring 12, wo am 25. März 1898 ihre erste Ausstellung stattfand. Erst nach der Grundsteinlegung am 28. April 1898 und der Fertigstellung des Secessionsgebäudes am 29. Oktober 1898 konnte die Vereinigung in ihr eigenes Haus einziehen, das auch einen eigenen Raum für das Sekretariat von Sekretär Hancke umfasste, in dem Korrespondenz dann eingehen und abgelegt werden konnte. Es ist daher nicht auszuschließen, dass vor den chronologisch ersten, heute noch erhaltenen und hier publizierten Schreiben Carabins an die Wiener Secession noch weitere Briefe existiert haben könnten.

[8] S. Kramer 2024, Kapitel „Die Rolle von Engelhart, Moll und Bernatzik im Beziehungsnetz Carabins", S. 22 ff., Kapitel „Netzwerk und Verbindungen Carabins in die Pariser Avantgarde-Szene", S. 156 ff., sowie die Kapitel auf den Seiten 176-292, einschließlich „Nach der Impressionismus-Ausstellung von 1903 – Ausblick und Schlussbemerkung zur Bedeutung Carabins für Wien um 1900", S. 276 ff..

# Namensindex

Im Folgenden sind die in der Korrespondenz Carabins an die Wiener Secession erwähnten Namen angeführt, gefolgt vom Jahr des jeweiligen Schreibens und der Nummer, unter der das entsprechende Dokument im Anhang mit der Korrespondenz Carabins zu finden ist.

Delaherche 1900 10; 1900 11; 1900 14

Denis 1902 19; 1902 20

Desbois 1900 10; 1900 14

Doat 1900 12; 1900 13

Durand-Ruel 1900 7

Engelhart 1900 5; 1900 7; 1904 25

Gardet 1900 14

Henschel 1901 17

Jeanneney 1900 10; 1900 11

Jeanniot 1900 8

Klimt 1900 10

Lagarde 1900 14

Latouche 1900 14

Laurent 1900 13

Toulouse-Lautrec 1902 19; 1902 20; 1902 21

Lhermitte 1900 14

Lobre 1901 16

Ménard 1900 14

Michell & Kimbel / Kimbel 1900 5; 1900 7; 1900 8; 1900 10; 1900 13; 1900 14; 1902 22; 1905 26

Moll 1899 2; 1900 3; 1900 4; 1900 8

Monet 1899 1; 1900 4; 1900 7

Moser 1900 8

Myrbach 1900 10; 1902 19

Nocq 1900 10; 1900 11

Rosenberg 1900 15

Roussel 1902 19; 1902 20

Rysselberghe 1900 7; 1900 14

Saincère 1902 20

Schmidt 1900 11

Schwabe 1901 18

Simon 1900 11; 1900 14

Signac 1900 6; 1900 7

Szymanowski 1900 13

Thaulow 1906 29

Vallotton 1902 19; 1902 20

Vuillard 1902 19; 1902 20

# Die Korrespondenz

von François-Rupert Carabin

mit der Wiener Secession

# 1899

# Dok. 1

Korrespondenz `Francois-Rupert Carabin´, Dokument vom 20.8.1899
Archiv Wiener Sécession, Brief

*Paris [,] le 20 Août [août] 1899*

*Cher Monsieur Hancke [,]*

*J'attendais votre visite tout ce mois-ci [,] c'est pour cela [pourquoi] je ne vous ai pas écrit plus tôt au sujet des invitations que vous m'avez demandé de faire pour le mois d'octobre. Voici ce que j'ai pu obtenir, [:] Cottet peut disposer pour le mois d'octobre d'un tableau de figure et d'une marine. Vous voudrez bien lui envoyer les notices nécessaires pour cela.*

*Cazin, que je n'ai plus rencontré à mon retour [,] est parti à la campagne malade. Je lui ai déjà écrit deux fois et je n'ai pas encore de réponse. Tant qu' [Quand] à Claude Monet, j'ai une lettre dans laquelle il m'a dit qu'il ne tient pas à exposer mais j'espère le faire revenir sur sa détermination quand je le verrai personnellement [,] car lui non plus [n`] est [pas] à Paris. Sitôt que j'aurai son acceptation, je vous en ferai part.*

*Voici l'adresse de Cottet:*
*Ch. Cottet*
*Artiste peintre*
*86, Rue Notre-Dame-des-Champs*
*Paris*

*Si vous avez des instructions à m'envoyer, hâtez-vous [,] car je pense aller à Vienne fin octobre. Mes amitiés à tous mes confrères et cordialement à vous [,]*

*R Carabin*

# Dok. 2

Korrespondenz Francois-Rupert Carabin, Dokument vom 27.11.1899
Archiv Wiener Secession, Brief

*Paris, le 27 Novembre [novembre] 1899*

*Cher Monsieur Hancke,*

*Je vous envoie ci-inclus [la broche] que vous m'avez demandé [e] pour Monsieur Moll. Comme c'est pour Madame Moll personnellement [,] je lui fais le prix coûtant, soit 50 frs.*

*Vous voudrez bien lui faire mes amities [,] ainsi qu'à tous ces messieurs [,] et tout à vous mon cher M<sup>r</sup> Hancke [,]*

*R Carabin*

# 1900

# Dok. 3

Korrespondenz Francois-Rupert Carabin, Dokument o.D.
Archiv Wiener Secession, Visitenkarte

[Januar 1900]

[Auf Visitenkarte vorgedruckt:
FR Carabin
16, rue Richomme]

*Mes vœux les plus sincères à la Sécession et à vous, [,] mon cher Moll [,] ainsi que l'expression de ma profonde sympathie [.]*

# Dok. 4

Korrespondenz `Francois-Rupert Carabin´, Dokument vom 9.1.1900
Archiv Wiener Secession, Brief

*Paris, le 9 Janvier [janvier] 1900*

*Cher Monsieur Hancke,*

*Je me suis immédiatement occupé du plan que vous me demandiez [m'aviez demandé].*
*Le service de l'architecture me l'a refusé, [,] en me disant qu'il fallait faire cette demande par le Commissaire Général d'Autriche.*
*Je suis allé chez celui-ci [,] qui m'a dit qu'il n'existait pas d'autre que celui qu'il vous a envoyé il y a deux mois mais qu'il était en train d'en faire faire un sur plan par son architecte et qu'aussitôt que ce plan sera fait [,] il vous l'enverra.*
*Vous serez ainsi les premiers du monde à avoir le plan exact de votre section.*
*Les constructions sont très en retard [:] le premier étage n'est pas encore fait [,] et il n'y a pas d'escalier y conduisant donc [Donc,] aussitôt que l'architecte pourra y pénétrer [,] il relèvera le plan et on vous l'enverra.*
*Je me suis occupé aussi des invitations pour le mois de mai [.] Cazin m'a formellement promis un tableau [, mais] il faudra cependant le prévenir un mois avant l'envoi [,] de même que Cottet [,] qui m'a promis 6 ou 7 tableaux.*
*Je crois également pouvoir vous en promettre de Claude Monet.*
*Vous remercierez bien Monsieur Moll de [pour] sa charmante carte.*
*Voilà [,] cher Monsieur Hancke [,] tout ce que j'ai pu faire pour la société [,] regrettant de ne pouvoir faire encore plus.*

*Vous voudrez bien faire mes amitiés à tous les camarades et tout à Vous [vous,]*


*R Carabin*

# Dok. 5

Korrespondenz `Francois-Rupert Carabin´, Dokument vom 2.2.1900
Archiv Wiener Secession, Brief

*Paris, le 2 Février [février] 1900*

*Cher Monsieur Hancke,*

*J'ai reçu votre lettre me faisant part de la prochaine exposition [et,] à mon grand regret [,] je ne pourrai pas m'en occuper beaucoup cette fois-ci car depuis trois semaines [,] je suis à la maison de santé [,] où j'ai subi une opération douloureuse [,] et je ne pourrai en sortir que dans trois autres semaines.*
*J'ai vu M<sup>r</sup> Kimbel ce matin et nous nous sommes entendus sur ce qu'il y avait à faire pour cette exposition.*
*Car je commence par vous dire que vraiment vous nous donnez trop peu de temps [pour] réunir en 8 jours toutes les œuvres, c'est impossible [.] M<sup>r</sup> Engelhart sait le mal que nous avons eu pour les dessins, la peinture et sculpture sera encore pire [.] Il ne faut pas compter réunir et expédier les œuvres de Paris avant la fin du mois.*
*Vous vous rappelez ma dernière lettre [:] Cazin et Cottet ont demandé à être prévenus un mois à l'avance. J'ignore le temps que demanderont les autres artistes dont vous avez donné la liste à M<sup>r</sup> Kimbel [,] qu'il va aller voir de ma part.*
*Moi-même je ne pourrai vous donner mes œuvres qu'à la fin du mois.*
*Enfin [,] cher Monsieur Hancke [,] je fais tout mon possible malgré que je sois malade et couché pour la bonne réussite de cette exposition [,] et M<sup>r</sup> Kimbel se met entièrement à ma disposition pour me suppléer.*
*S'il y a quelque chose de nouveau [,] écrivez-moi aussitôt [.D] de mon côté[,] je vous tiendrai au courant de ce qui va se passer.*
*En attendant le plaisir de vous lire [,] faites toutes mes cordialités aux amis et bien sincèrement à Vous[vous,]*

*R Carabin*

# Dok. 6

Korrespondenz `Francois-Rupert Carabin´, Dokument o.D.
Archiv Wiener Secession, Brief

*[3-11.2.1900]*

*Cher Monsieur Hancke,*

*Je vous envoie ci-inclus une notice [. L] les œuvres arrivent assez rapidement et mon meuble partira avec le premier envoi en petite vitesse [. Q] quant aux bronzes [,] ils partiront avec le dernier.*

*Je fais joindre 2 tableaux [:] un de M<sup>r</sup> Delacroix et un de M<sup>r</sup> Louis [Brown] [,] le neveu de John Levis Brown. Vous jugerez s'il y a lieu de les accrocher.*
*Signac voulait vous envoyer 24 tableaux. J'ai jugé que c'etait de [de] trop et lui ai fait dire que 7 à 8 suffisaient largement.*
*Rien autre chose à vous dire pour le moment.*

*Faites toutes mes amitiés aux camarades et et tout à vous [,]*

*R Carabin*

# Dok. 7

Korrespondenz `Francois-Rupert Carabin´, Dokument vom 12.2.1900
Archiv Wiener Secession, Brief

*Paris [,] le 12 Février [février] 1900*

*Mon cher Engelhart [,]*

*hélas [,] oui [,]depuis 3 semaines je vis [suis] couché et j'en ai encore pour un mois avant d'être remis.*
*Cela ne m'empêcherez [m'empêchera]pas de vous envoyer quelques œuvres [;] du reste [,] vous avez reçu ma notice.*
*Tant qu'à Cottet [,] il vous enverra 7 tableaux, pour Cazin [,] je ne sais pas encore tant [. Tant] qu'à Claude Monet je désespère d'avoir quoi que ce soit il [.Il] est complètement circonvenu par les marchands qui lui prennent tout et ne veulent rien prêter [.D] du reste je vous joins la lettre qu'il m'a écrite [,] et Durand-Ruel ne veut absolument rien prêter et prétendant [,] qu'il n'a aucun avantage.*
*Signac voulait envoyer 24 tableaux [.J] je lui ai fait dire que 8 suffisaient largement [,] mais van Rysselberghe prétend que c'est entendu avec vous pour 24 tableaux (cela m'étonne) [.E] en tous cas [,] Hancke aurait dû me prévenir si c'était vrai, connaissant la place dont vous disposez il [.Il] m'avait semblé que 24 tableaux pour un artiste [,] c'était beaucoup trop [.]*
*Kimbel a dû vous annoncez un envoi pour le 15 et un autre pour le 22 [dont] [,] vous savez le mal que nous avons eu peur rama [sser] les dessins les tableaux [.C] cette fois [,]  c'est pis[pire] à cause de l'Exposition Universelle.*

*J'espère que votre santé est toujours bonne [,] ainsi que celle des amis vous [. Vous] voudrez bien faire mes amitiés à tous*
*et tout à vous [,] Cher Ami [cher ami,]*

*R Carabin*

# Dok. 8

Korrespondenz `Francois-Rupert Carabin´, Dokument vom 14.4.1900
Archiv Wiener Secession, Brief

*Paris [,] le 14 Avril [avril] 1900*

*Cher Monsieur Hancke [,]*

*Je vous joins ci-inclus la lettre de Jeanniot [qu´il] m`a écrite, il [. Il] accepte avec reconnaissance le titre de membre honoraire que la Sécession a bien voulu lui conférer.*
*Vous recevrez par M$^{rs}$ Michell & Kimbel une nouvelle `Otero´ [,] car celle que je vous ai envoyé [,] je ne suis pas très content de la patine [,] et vous voudrez bien me la retourner.*
*J`ai vu M$^{rs}$ Moll et Moser à Paris. Ces messieurs s`occupent très activement de l`installation de l`exposition Universelle [l`Exposition Universelle].*

*Veuillez agréer [,] cher Monsieur Hancke [,] l`assurance de mes meilleurs sentiments [,]*

*R Carabin*

# Dok. 9

Korrespondenz `Francois-Rupert Carabin´, Dokument vom 6.6.o.J.
Archiv Wiener Sécession, Brief

*Jeudi 6 Juin [juin] [1900]*

*Cher Monsieur Hancke [,]*

*Merci pour ma santé je [. Je] vais très bien en ce moment [.]*
*Je m'occupe très activement pour ce que vous me demandez au sujet de la*
*collection Carriès. Sitôt que j'aurai une réponse [,] que j'espère favorable [,] je*
*vous en ferai part.*
*À la fin de ce mois [,] je dois aller pendant 3 mois à la Mer [mer] sans revenir à*
*Paris donc [. Donc,] si vous avez des Commissions [commissions] à me faire [,]*
*prévenez-moi avant mon départ faites [. Faites] bien mes amitiés à tous les*
*Camarades [camarades] de Vienne et tout à Vous [vous,] mon cher Hancke [,]*

*R Carabin*

# Dok. 10

Korrespondenz `Francois-Rupert Carabin´, Dokument vom 9.6.1900
Archiv Wiener Secession, Brief

*Paris [,] le 9 Juin [juin] 1900*

*Cher Monsieur Hancke [,]*

*Je viens d'abord remercier la Sécession de l'achat qu'elle a bien voulu faire et qui m'a fait grand plaisir.*

*Je n'ai vu M Bernatzik qu'hier [,] car lorsqu'il est arrivé à Paris [,] j'étais à la campagne en train de me soigner.*

*Avant mon départ [,] j'avais [,] autant qu´il m'était possible [,] parlé pour Klimt à mes amis [,] et M Bernatzik a réussi à faire le reste [;] c'était le principal, je [. Je] vous aurai bien télégraphié la nouvelle le soir même [,] mais je pensais que M Bernatzik l'avait fait [,] ce qui était vrai.*

*J'ai vu également M[.] Myrbach et nous avons parlé de l'exposition de novembre je [. Je] lui ai dit de vous écrire pour m'adresser au plus tôt la liste des invitations qu'il y à faire afin que je puisse m'en occuper utilement [.J] j'inviterai directement les 4 céramistes les plus intéressants qui sont M^{rs} Chaplet, Dammouse, Delaherche et Jeanneney – en plus j'inviterai Baffier, Desbois, Nocq pour des objets d'art, donnez-moi [.Donnez-moi] d'autres noms si vous le désirez.*

*Tant qu'à des Degas [,] j'espère vous en avoir deux [,] sans vous les promettre formellement ils [. Ils] me seront prêtés par un de mes amis et ils sont très beaux.*

*Ne pourriez-vous pas mettre sur votre lettre d'invitation qu'on m'adresse les notices afin que je sache les artistes qui exposent et que je puisse m'entendre avec M^{rs} Michell & Kimbel pour faire enlever les œuvres ???*

*Cela simplifierait [,] je crois [,] beaucoup notre besogne à tous.*

*Ce que je vous demande dès maintenant [,] c'est la liste complète des invitations à faire [,] car dans l'intervalle [,] je verrai beaucoup de ces Messieurs et je pourrai leur en parler verbalement.*

*Toutes mes amitiés aux camarades de Vienne*
*et croyez-moi [,] mon cher Monsieur Hancke [,] cordialement Votre [votre,]*

*R Carabin*

# Dok. 11

Korrespondenz `Francois-Rupert Carabin´, Dokument vom 20.7.1900
Archiv Wiener Secession, Brief

Paris [,] le 20 Juillet [juillet] 1900

Cher Monseur Hancke [,]

Certainement [,] je pense être à Paris pendant tout le mois d'Août [août].
C'est donc avec grand plaisir que je vous verrai tâchez [. Tâchez] de venir fin
Août [août,] vous aurez un compagnon pour vous en retourner [,] car je crois
que Karl Schmidt doit aller à Vienne pour le 1er septembre.
J'ai fait les invitations pour le mois d'Octobre.
Voici la liste des réponses affirmatives que j'ai reçu [reçues:]

Céramistes
M$^r$ Chaplet
18 rue St Placide à Choisy-le-Roy
M$^r$ Dammouse
12 rue des fontaines à Sèvres
M$^r$ Delaherche
1 rue Halévy à Paris
M$^r$ Jeanneney
65 Bd Arago à Paris
Sculpteurs
Charpentier
Dejean
Nocq
Peintres
Lucien Simon
Au fur et à mesure que j´aurai les autres adhésions [,] je vous ferai parvenir les
noms du reste [.Q] quand vous viendrez à paris [Paris,] nous en recauserons.

Faites bien mes amitiés à tous les Camarades [camarades] de Vienne
et tout à Vous [vous,]

R Carabin

# Dok. 12

Korrespondenz `Francois-Rupert Carabin´, Dokument vom „Mardi Soir" o.D.
Archiv Wiener Sécession, Brief

*Mardi soir [21.8.1900]*

*Cher Monsieur Hancke [,]*

*Je vous avais attendu samedi soir vainement.*
*Je n'ai eu aucun moment ces jours-ci pour vous donner rendez Vous [vous].*
*Voulez-vous venir demain soir à 18 h au Café de la Nouvelle Athènes [,] où je*
*voudrais vous voir [,] car samedi prochain [,] je dois partir 8 jours à la campagne*
*[,] et je ne sais pas si [,] d´ici là [,] nous pouvons [pourrons] prendre rendez [-]*
*Vous [vous].*

*À demain mercredi soir et bien cordialement à Vous [vous,]*

*R Carabin*

# Dok. 13

Korrespondenz `Francois-Rupert Carabin´, Dokument vom 12.9.1900
Archiv Wiener Secession, Brief

Paris [,] le 12 Septembre [septembre] 1900

Cher Monsieur Hancke [,]

Comme vous me l'aviez écrit, je suis allé voir M$^r$ Szymanowski à Sévres, lequel, [;]
vous enverra 4 bronzes [;] dont, un directement de Varsovie, où il est exposé en
ce moment[.] Ce sont des statuettes pas mal s'il [. S´il] n'est pas prêt pour être
expédié avec l´envoi de chez Michell & Kimbel, il vous les adressera directement,
par grande vitesse, je [. Je] lui ai dit qu'en ce cas l´exposition sera à ses frais.
Je suis allé voir M Michell et Kimbel pour avoir la liste des artistes qui vous ont
envoyé directement leur adhésion elle [. Elle] n'y est pas arrivée je [. Je] voudrais
donc que vous m´adressiez cette liste immédiatement afin que je puisse aller
voir les artistes que vous désirez avoir et qui n'ont répondu ni à vous ni à moi.
Je voudrais également que vous m'envoyez de suite une vingtaine de notices [,]
pour qu'à ma visite chez ces artistes [,] je leur fasse remplir devant moi ces
notices une maintenant. Absolument : ainsi nous avons invité ensemble M Doat
[,] le céramiste [,] et je ne puis lui fournir de notice de même que pour M
Szymanowsky, Carriès, etc. [.] À propos [,] je vous confirme ma promesse pour
des Carriès vous en aurez! Je ne sais encore combien.
Tant qu'à Degas je ne puis pas encore vous promettre. Je suis allé voir M Laurent
à Fontainebleau [,] où il est en villégiature [,] exprès pour cela. M Laurent ne
veut pas en prêter [,] pour une raison bien simple. C'est qu´il a prêté les deux
plus beaux à l'exposition Universelle centenale & décenalle [L'Exposition
Universelle Centenaire et Cécennale,] il ne lui en reste plus qu'un [,] et il tient à
ne pas dégarnir son salon je [Je] ne puis donc pas compter sur lui.
Cependant ! Mais d'ici quinze jours seulement je serai fixé. Je connais un autre
amateur qui en une dizaine [,] et j'espère [,] par l´intermédiaire d'un mes amis [,]
en avoir un ou deux.
Seulement il a fallu que j'attende que cet ami soit de retour à Paris.
Vous voyez [,] je fais tout mon possible [,] et si je ne réussis pas [,] ce ne sera
vraiment pas de ma faute.

*Sitôt que j'aurai un ou deux Degas [,] je vous enverrai un télégramme.*

*Donc [,] mon Cher Monsieur Hancke [,] n´oubliez pas de m'envoyer immédiatement ce que je vous demande ``La liste des exposants ayant accepté et des notices´´ [.]*

*Vous voudrez bien faire toutes mes cordiale [s] amitiés aux camarades et tout à vous [,]*


*R Carabin*

# Dok. 14

Korrespondenz `Francois-Rupert Carabin´, Dokument vom 25.9.1900
Archiv Wiener Secesion, Brief

*Paris [,] le 25 Septembre [septembre] 1900*

*Cher Monsieur Hancke [,]*

*Voici le résultat de nos démarches pour faire exposer les artistes que vous m'avez spécialement signalé [:] M<sup>r</sup> Aman-Jean, Baffier, Charpentier, Dejean, Delaherche, Rysselberghe, Simon Lucien, Chaplete, Jeanneney, Gaston Latouche, Doat et moi exposent; leurs œuvres [sont] tout déjà arrivées ou annoncées à M<sup>rs</sup> Michell & Kimbel pour [. Pour] M<sup>rs</sup> Besnard, Boldini, Dampt, Desbois, Gardet, Lagarde et Lhermitte ces messieurs ne sont pas encore rentrés à Paris.*

*J'ai demandé et eu leur adresse à la campagne [;] je leur ai de nouveau envoyé une notice en les priant de la remplir et de l´adresser directement à M<sup>rs</sup> Michell & Kimbel en indiquant le jour que l'on pourra prendre les œuvres chez eux.*

*Dans ma lettre [,] j'ai surtout insisté qu'il vous serait très agréable que ces Messieurs [messieurs] exposent.*

*J´ignore donc si M<sup>r</sup> Kimbel [,] que j'ai prévenu [,] a reçu des réponses.*

*Pour M<sup>r</sup> Ménard [,] je ne m´en suis pas occupé puisqu´il était directement en correspondance avec vous.*

*A l'avenir je crois qu'il faudra faire envoyer les notices directement chez M<sup>rs</sup> Michell & Kimbel [,] ce qui évitera beaucoup de correspondance et de démarches.*

*J'ai [,] à cet [cette] heure [,] une demi [-] promesse de 2 fort beaux pastels de Degas [;] j'espère les obtenir.*

*J'ai une chance inespérée pour Carriès [:] presque toute son œuvre en [grès] d'après [. D'après] les promesses qui m´ont été faites de divers côtes [,] j'aurai 9 bronzes et 6 ou 7 plâtres patinés [,] ainsi que quelques G[g]rès; et Chance [chance] encore plus inespérée [,] quelques-unes de ces œuvres pourront être achetées.*

*Seulement [,] je ne pense pas pouvoir réunir [tout ça] avant le 15 ou 20 8bre [;] ce sera donc une expédition spéciale à faire??*

*Beaucoup de ces pièces ne sont pas à Paris [,] et je suis obligé de les faire venir.*

*Voilà [,] cher Monsieur Hancke [,] le résultat de mes démarches de ces jours-ci.*

*Bien cordialement à Vous [vous,]*

*R Carabin*

*N.B. Les notices vous arriveront par M^{rs} Michell & Kimbel [,] qui en ont besoin pour les déclarations en Douane [douane] sitôt [. Sitôt] que j'aurai le compte exact des Carriès [, je vous enverrai.]*

# Dok. 15

Korrespondenz `Francois-Rupert Carabin´, Dokument vom 22.10.1900
Archiv Wiener Secession, Brief

Paris [,] le 22 8bre 1900

Cher Monsieur Hancke [,]

Je viens de voir la Collection [collection] de Mr Rosenberg [,] elle est vraiment merveilleuse.
Ce Monsieur [,] qui est Viennois [,] aurait voulu l´exposer [d´] ensemble [;] il a donc commencé à me refuser les 2 pastels de Degas de [. De] plus [,] il aurait voulu faire l´exposition maintenant.
Je lui ai dit que ce n´était pas possible, que, peut-être vous consentiriez à faire l ´exposition au mois de février il [. Il] m'a répondu qu´il ne le promettait pas définitivement [,] mais qu´il ne disait pas non [,] car il ne vend pas et il vous enverrait pour 1 million de toiles.

Entre nous [,] cette collection [,] qui est merveilleusement complète [,] comprend des [oeuvres de ] Manet, Claude Monet, Degas, Sisley, Lépine, Jongkind, Besnard, Renoir, Boudin, Berthe Morisot [,] etc. etc. [,] tous de tout à fait 1er ordre, forme un ensemble d´environ 200 toiles [,] et jamais on pourra réunir une plus belle collection. Voyez ce que vous avez à faire et mettez [-] vous directement en rapport avec Mr Rosenberg si vous voulez exposer sa collection.
Je suis vraiment navré pour les Carriès la [. La] personne qui m'a promise les plâtres ne veut pas les donner [,] craignant qu´ils s´abîment au transport tant [. Tant] qu´à la personne qui m'a promise des grès [,] elle n'est pas rentrée à Paris [,] et je ne sais pas quand elle rentrera.
Je n´ai donc que 2 bronzes [,] j'en attends un 3ème [.] Vais-je l´avoir? Si après [-] demain jeudi je ne l´ai pas [,] je vous ferai toujours expédier les 2 que j´ai par grande vitesse.
Voilà [,] mon cher Monsieur Hancke [,] tout ce que j´ai [à] vous annoncer [.]
Vous voudrez bien faire toutes mes amitiés aux camarades,
et tout à vous [,]

R Carabin

# 1901

# Dok. 16

Korrespondenz `Francois-Rupert Carabin´, Dokument vom 7.2.1901
Archiv Wiener Secession, Brief

*Paris [,] le 7 Février [février] 1901*

*Cher Monsieur Hancke [,]*

*Je suis très embarrassé: voici ce que je reçois de M^r [Lobre] [,] auprès de qui j'avais beaucoup insisté à participer à l'Expo [expo] de printemps et que la société devait particulièrement inviter?? C'était avec beaucoup de peine que j'avais pu obtenir un tableau.*
*Répondez-lui donc directement de Vienne au sujet de la lettre qu'il m'adresse et que je joins.*

*Cordialement à Vous [ vous,]*

*R Carabin*

# Dok. 17

Korrespondenz `Francois-Rupert Carabin´, Dokument vom 12.6.1901
Archiv Wiener Secession, Brief

*Paris, le 12 Juin [juin] 1901*

*Cher Monsieur Hancke [,]*

*Après un premier refus de M<sup>r</sup> Henschel [,] j'ai insisté à nouveau pour qu'il nous prête sa collection, de nouveau j'ai subi un refus.*
*Je crois qu'il serait indiscret que j'insiste.*
*Ci [-] inclus les 2 lettres de M<sup>r</sup> Henschel.*

*Je regrette beaucoup de n'avoir pu réussir et vous prie d'agréer mes meilleures amitiés [,]*

*R Carabin*

# Dok. 18

Korrespondenz `Francois-Rupert Carabin´, Dokument vom 16.7.1901
Archiv Wiener Secession, Brief

*Paris le 16 Juillet [juillet] 1901*

*Cher Monsieur Hancke [,]*

*Je vous envoie ci-inclus la réponse de M$^r$ Carlos Schwabe je [. J] ne puis vous dire autre chose.*
*Je repars à la campagne jusqu'à fin septembre [,] mais j'y recevrais mes lettres.*

*Bien mes amitiés aux camarades et tout à Vous [vous,] cher Ami [ami,]*

*R Carabin*

# 1902

# Dok. 19

Korrespondenz `Francois-Rupert Carabin´, Dokument vom 16.6.1902
Archiv Wiener Secession, Brief

Paris [,] le 16 Juin [juin] 1902

Cher Monsieur [,]

Je me suis occupé dès votre départ des invitations à faire [.] Voici les acceptations que j'ai reçue [s] jusqu`à aujourd´hui [.]
-       M. M. Maurice Denis
    -       Vallotton
    -       Roussel
    -       Bonnard

Je n'attends plus que celle de M^r Vuillard.

Je me suis aussi occupé de Lautrec [,] mais je reprendrais [-s] les pourparlers en Octobre [octobre] à ma rentrée [.]

Une invitation que vous devriez faire c'est celle de M^r Corday c'est [. C] un impressionniste qui en fait pas mal du tout. M^r Myrbach [,] lorsqu'il est venu me voir [,] en a vu un chez moi qu'il a trouvé très bien.

C'est un artiste qui expose très peu [,] mais je pense [que,] si vous le désirez [, je] pouvoir vous l'amener. Répondez-moi de suite à ce sujet [,] car je le verrai avant mon départ et l'engagerai à exposer.

Ces messieurs me demandent en général le nombre d'œuvres à envoyer je [. Je] leur fixe à cinq [, dont] unes de milieu et 4 autour! Qu'en pensez-vous?

En attendant votre réponse [,] croyez [-] moi toujours cordialement votre [vôtre] [et] tout dévoué [,]

R Carabin

# Dok. 20

Korrespondenz `Francois-Rupert Carabin´, Dokument vom 20.8.1902
Archiv Wiener Secession, Brief

*Paris [,] le 20. 8bre 1902*

*Cher Monsieur Bernatzik [,]*

*En réponse à Vôtre [vôtre] honorée du 17 8bre [,] je viens vous faire savoir que j
´ai l´adhésion ferme et par écrit de M$^{rs}$ Vuillard, Maurice Denis, Bonnard,
Rousselle [Roussel], Valloton [,] et que ces Messieurs [messieurs] m'ont tous
promis de donner un ensemble de leurs œuvres.*
*Tant qu'aux amateurs possédant des œuvres de Toulouse Lautrec [,] sauf M$^{r}$
Saincère [,] je les connais tous [,] et dès aujourd´hui [,] je vais commencer les
démarches auprès d´eux afin d´obtenir qu´ils vous prêtent les œuvres [.]
J'espère avoir votre visite aussitôt votre arrivée à Paris pour vous donner [,] je
pense [,] une réponse favorable à ce que vous me demandez[.]*

*En attendant le plaisir de vous serrer la main [,] croyez-moi bien cordialement
Vôtre [vôtre] tout dévoué [,]*

*R Carabin*

# Dok. 21

Korrespondenz `Francois-Rupert Carabin´, Dokument vom 25.10.1902
Archiv Wiener Secession, Brief

*Paris [,] le 25 8bre 1902*

*Cher Monsieur Bernatzik [,]*

*Voici la liste des œuvres que j'ai l'intention de vous envoyer:*
*Danses bretonnes*
*1 groupe de 4 personnages*
*1 -"- de 2 -"-                    Bronzes*
*1 joueur de Biniou*

*1 haut relief Danses espagnoles bronze ``la Pasada´´*
*1 Encrier en bronze*
*Sirène et Pieuvre*
*1 médaille argent*
*Je m'occupe activement pour avoir les Lautrec et j'espère réussir!*

*En attendant votre visite je vous serre cordialement les mains Ami [ami,]*

*R Carabin*

# Dok. 22

Korrespondenz `Francois-Rupert Carabin´, Dokument vom 30.12. o.J.
Archiv Wiener Secession, Brief

*Paris [,] le 30 Dec. [dec.] [1902]*

*Cher Monsieur Hancke [,]*

*sur [Sur] la notice que j'ai remis à M^{rs} Michell & Kimbel [,] je n'ai pas mis les prix
pour les bronzes je [. Je] viens donc par la présente combler cette lacune:*
*Danse bretonne groupe de 4 personnages frs 550*
*Danse Bretonne groupe de 2 personnages frs 400*
*Le joueur de Biniou frs 250.*
*Encrier Sirène & Pieuvre bronze frs 600.*
*Haut relief bronze Danse Espagnole frs 800.*
*L'Encrier [encrier] et le haut relief ne m'appartenant pas et si pour ces deux
objets vous aurez des offres intérieures au prix ci [-] dessus, faites [-] moi en part
tant qu'eux Danseurs et musiciens Bretons [,] qui sont ma propriété [,] je vous
fait[s] les prix justes je [.Je] profite de la présente pour envoyer mes sincères
souhaits au Comité de la Sécession ainsi qu´à Vous [vous, ] cher A[a]mi [,] et
mon cordial souvenir [.] Vous prie d´agréer l´assurance de mes meilleurs
sentiments [,]*

*R Carabin*

# 1903

# Dok. 23

Korrespondenz `Francois-Rupert Carabin´, Dokument vom 31.10.1903
Archiv Wiener Secession, Brief

*Rep. 19. XI. 03 [geschrieben in einer anderen Handschrift]*

*Paris [,] le 31 8bre 1903*

*Cher Monsieur Hancke [,]*

*Voici les derniers <u>prix d'ami</u> auxquels je puis laisser les bretons [Bretons]*
*Danseurs 4 personnages 450*
*   -" 2 personnages 250*
*Joueurs de Biniou 180"*
*Je vous le répète [,] ce sont tout à fait des prix d'ami [,] car si vous vous rappelez*
*[,] j'ai refusé 250 frs du groupe de 2 personnages lors de l'exposition du*
*printemps avec [. Avec] mon bon souvenir [,] je vous prie d'agréer [,] cher*
*Monsieur Hancke [,] mes cordiales amitiés [,]*

*R Carabin*

# Dok. 24

Korrespondenz `Francois-Rupert Carabin´, Dokument vom 23.11.o.J.
Archiv Wiener Secession, Brief

*Paris [,] le 23 9bre [1903]*

*Cher Monsieur Hancke [,]*

*J'ai l'avantage de vous accuser réception de votre chargement de Frs 180
montant du bronze „Joueur de Biniou" [,] avec mes remerciements [.]*

*Je vous prie d'agréer mon plus cordial souvenir [,]*

*R Carabin*

# 1904

# Dok. 25

Korrespondenz `Francois-Rupert Carabin´, Dokument vom 8.7.1904
Archiv Wiener Secession, Brief

*Paris [,] le 8 Juillet [juillet]1904*

*Cher Monsieur [,]*

*Je m'empresse de répondre à votre aimable invitation en vous envoyant la notice des œuvres que je destine à votre exposition de cet hiver [.]*

*En vous renouvelant mon bon souvenir [,] je vous prierai de faire mes amitiés à Engelhart et bien cordialement à Vous [vous,]*

*R Carabin*

# 1905

# Dok. 26

Korrespondenz `Francois-Rupert Carabin´, Dokument vom 7.2.1905
Archiv Wiener Secession, Brief

Paris [,] le 7 Février [février] 1905

Cher Monsieur Hancke [,]

en réponse à votre honorée du 5 Ct [ct, ] vous pouvez [compter] sur le groupe de [des] Valseurs[.]
Je le remettrai au plus tard samedi à M$^{rs}$ Michell & Kimbel, il est heureux que j'avais une épreuve à la fonte [,] c'est ce qui me permet de vous la donner si rapidement tant [. Tant] qu'aux lutteurs [,] la diminution que je vous ferai est si peu qu'elle ne compte pas [,] car pour arriver au prix de 300 frs net [,] en déduisant les 10% que vous vous réservez [,] il resterai une diminution de 15 frs à faire sur [les] 350 [francs]. Cela ne vaut vraiment pas la peine. Comme vous voyez [,] je vous donne toujours mes prix les plus bas.

Merci! Et agréez [,] mon Cher Monsieur Hancke [,] l'assurance de mes meilleurs sentiments [,]

R Carabin

# Dok. 27

Korrespondenz `Francois-Rupert Carabin´, Dokument vom 16.3.1905
Archiv Wiener Secession, Brief

*Paris [,] le 16 Mars [mars] 1905*

*Cher Monsieur Hancke [,]*

*Je vous annonce [la] réception de votre chargement contenant <u>frs 630</u> [,]
montant des 2 épreuves Valseurs [,] avec mes remerciements je [. Je] vous prie
d'agréer mes sentiments les plus cordiaux [,]*

*R Carabin*

# 1906

# Dok. 28

Korrespondenz `Francois-Rupert Carabin´, Dokument vom 1.11.1906
Archiv Wiener Secession, Brief

Paris [,] le 1er Novembre [novembre] 06

Cher Monsieur Hancke [,]

Non! L'encrier n'est pas à vendre [.C] ce n'est que sur les instances de votre président que je l'ai demandé à mon client pour l'exposer chez vous [,] et c'est pour cela que je n'ai pas mis de prix sur la notice.

Bien cordialement à Vous [vous,]

R Carabin

# Dok. 29

Korrespondenz `Francois-Rupert Carabin´, Dokument vom 9.11.1906
Archiv Wiener Secession, Brief

*Paris[,] le 9 Novembre [novembre] 1906*

*Cher Président [,]*

*J'ai reçu votre mandat télégraphique de 30 frs et je me tiens au courant des funérailles de Thaulow pour les utiliser.*

*Je tiens à vous prévenir que Thaulow est mort en Hollande [,] et j'ignore s'il sera transporté à Paris ou en Norvège [;] par conséquent [,] j'ignore si les funérailles se feront à Paris.*

*Si elles se font à Paris [,] j'achèterai une couronne [,] et au nom de la Sécession [,] j'adresserai un dernier adieu à ce pauvre Thaulow [.]*

*[Dès lors] qu'il n'y ai pas de funérailles à Paris [,] je tiendrai la somme à votre disposition [.]*

*Mes bien cordiales amitiés [,]*

*R Carabin*

# Lebensdaten Carabin
## Auswahl

| 1862 | Carabin wird am 17. oder 27. März in Zabern/Elsaß geboren. |
|------|-----------------------------------------------------------|

**1870**      Während des Deutsch-Französischen Krieges zieht Carabin mit seinen Eltern nach Paris, da sie die neue deutsche Staatsbürgerschaft nicht annehmen wollen.

**1878**      Vierjährige Ausbildung zum Karrenstecher bei Jouarin. Später erste berufliche Tätigkeiten in einer Möbelmanufaktur in Faubourg Saint-Antoine, wo Carabin Ornamente für Möbelstücke herstellt.

**1883–85**      Carabin besucht regelmäßig die Sektionssäle der Medizinischen Fakultät in Paris, um dort zu lernen. Er begegnet Jules Tarich, einem Hersteller von Totenmasken, und fertigt selbst Totenmasken an, um seinen Lebensunterhalt zu bestreiten.

**1884**      Gründung der *Société des Artistes Indépendants* durch Carabin, Georges Seurat, Paul Signac, Albert Dubois, Odilon Redon u. a. Er stellt bis 1891 regelmäßig in deren Ausstellungen aus.

**1885**      Carabin beginnt eine vierjährige Tätigkeit als technischer Zeichner in dem Unternehmen, in dem auch sein Vater angestellt ist. Die Firma stellt Perkolatoren (Kaffeemaschinen) für die Armee her.

**1885–89**      Carabin lernt Künstler wie Charles Léandre, Charles Maurin, Adolphe Léon Willette, Jean-Jacques Henner, Jules Dalou, Claude Monet, Édouard Manet, Auguste Renoir, Albert-Ernest Carrier-Belleuse, Auguste Rodin und Henri de Toulouse-Lautrec kennen und bewegt sich in deren Umfeld. Zudem macht er die Bekanntschaft der Kunstkritiker Rodolphe Darzens, Gustave Geffroy und Karl Eugen

Schmidt.

1889    Beginn seiner intensiven Tätigkeit als Kunsttischler. Bis 1919 fertigt Carabin eigene skulpturale Möbelstücke an.
Montadon wird sein Mäzen und ermöglicht ihm neue künstlerische Wege.

1890    Carabin erschafft das Auftragswerk der berühmten Bibliothek im *Musée d'Orsay.*
Gustave Geffroy veröffentlicht in der Revue des Arts Décoratifs einen Artikel über Carabin und sein Bücherregal, wodurch Carabin zunehmend bekannt wird.
Bis 1914 produziert er mehr als sechshundert Drucke, vornehmlich weibliche Akte, die ihm als Inspiration und Vorlage für seine bildhauerischen und holzkünstlerischen Arbeiten dienen.
Er schließt sich der Gruppe *Les Cinq* (damals *Société des Six*) an, zu der Alexandre Charpentier, Félix Albert Anthyme Aubert, Henry Nocq und Charles Plumet gehören. 1898 geht aus dieser Gruppe die Künstlerbewegung *L'art dans tout* hervor, zu deren Mitgliedern auch Tony Selmersheim, Henri Sauvage, Étienne Moreau-Nélaton, Jules Desbois, Paul Follot und René Guilleré zählen.

1891    Beginn regelmäßiger Ausstellungstätigkeit in der *Société Nationale des Beaux-Arts.*

1892–1894 Enge Zusammenarbeit mit Toulouse-Lautrec. Häufige gemeinsame Besuche im Rotlichtmilieu, das er künstlerisch bearbeitet.

1893    Carabin erhält die Auszeichnung Palmes Académiques.
Fertigstellung seines berühmten Fauteuils aus Eiche und Schmiedeeisen, das sich heute im Musée d'Art Moderne de Strasbourg befindet.

1895    Seine Aktzeichnungen und -fotografien dienen zunehmend als Inspirationsquelle und direkte Vorlage für die Gestaltung weiblicher Figuren an Möbelstücken, Gebrauchsgegenständen und Skulpturen.

1896/97    Entstehung der Bronzestatuette von Loïe Fuller.

1897    Die *Galerie Bernheim-Jeune* zeigt seine in diesem Jahr entstandenen Bronze-Tänzerinnen.

| 1898 | Teilnahme an der I. Ausstellung der *Wiener Secession*; im Katalog wird Carabin als „Correspondirendes Mitglied (CM)" geführt. In der Folge stellt er regelmäßig in der Wiener Secession aus. |
|---|---|
| 1899–1903 | Carabin ist spätestens ab 1899 bis 1903 als Delegierter der *Wiener Secession* in Paris tätig. Er beschafft französische Kunstwerke für Ausstellungen der *Wiener Secession*. |
| 1903 | Ernennung zum Mitglied der Ehrenlegion. |
| 1904 | Tod seiner Eltern und seine Hochzeit. |
| 1905 | Geburt seiner Tochter Colette. |
| 1915 | Briefwechsel mit Le Corbusier. |
| 1916 | Carabin erkrankt; nach wiederholten Blutungen ist er merklich geschwächt. |
| 1919 | Ausstellung seiner Schachtel *Sapphische Liebe* in der *National Society of Fine Arts*. |
| 1920 | Ernennung zum Direktor der *École Supérieure des Arts Décoratifs* in Straßburg, eine Position, die er bis zu seinem Tod innehat. |
| 1932 | Carabin stirbt am 28. November in Straßburg im Alter von 70 Jahren. |

# Ausstellungen Carabin
## Auswahl

1884    Ab Gründung der Societé des artistes indépendants
        Ausstellungspräsenzen in deren Pariser Ausstellungen

1891    Ausstellung im eigenen Atelier, Paris

1891    *Salon de la Société Nationale des Beaux-Arts*, Palais du Champ-de-
        Mars, Paris

1897    Ausstellung bei Bernheim-Jeune, Paris

1898    Ausstellungsteilnahme an der I. Ausstellung der Wiener Secession. In
        der Folgezeit Ausstellungteilnahmen an der II., VIII, XVI. und danach
        weiteren.

1934-35 Retrospective Carabin im Palais Galliera, Paris

1974    *L'oeuvre de Rupert Carabin: 1862-1932,*
        *Galerie du Luxembourg Paris*

1976    *Art Nouveau Belgium-France*, The Art Institute of Chicago,
        Chicago, USA

1977    *Artiste / Artisan*, Musée des Arts Décoratifs, Paris

1979    *Paris-Moscou 1900-1930*, Musée National d'Art Moderne - Paris

1985    *Anciens et Nouveaux: choix d'oeuvres acquises par l'Etat ou avec sa
        participation de 1981 à 1985*, Galeries Nationales du Grand Palais,
        1985-1986, Paris

1993    *Carabin (1862-1952)*, 30.1.-28.3.1993, Musée d`Art Moderne et
        Contemporain de Strassbourg

1993    *Carabin (1862-1952) or Unity in Art*, 19.4.-11.7.1993, Musée d`Orsay

2017    *Prints in Paris 1900: From Elite to the Street*, Van Gogh Museum,
        Amsterdam, Niederlande

# Werke Carabins in Ausstellungen der Wiener Secession

Im Folgenden sind alle Ausstellungsteilnahmen Carabins um 1900 in Ausstellungen der Wiener Secession in der Zeit von 1898 bis 1905 und seine dort ausgestellten Werke aufgelistet.

**I. Ausstellung, 26. März bis 20. Juni 1898**
Kat. Nr. 89: Die Courtisane, Holzschale
Kat. Nr. 90: Arachne, Holzschale
Kat. Nr. 91: Die Serpentinentänzerin, 6 Bronze

**II. Ausstellung, 12. November bis 28. Dezember 1898**
Kat. Nr. 199: Serpentintänzerinnen, Bronze
Kat. Nr. 237: Waschbrunnen

**VII. Ausstellung, 8. März bis Mai 1900**
Kat. Nr. 259: Eckschrank, Nussbaumholz und Schmiedeeisen
Kat. Nr. 263: Wetterhexe, Bronze
Kat. Nr. 264: Spanische Tänzerin *Otero*, Bronze
Kat. Nr. 265: Spanische Tänzerin *Querrero*, Bronze

**VIII. Ausstellung, 3. November bis 27. Dezember 1900**
Kat. Nr. 449: Tänzerinnen, Bronzen

**XVI. Ausstellung, 17. Januar bis 1. März 1903**
Kat. Nr. 143: Die Üppigkeit, Holz
Kat. Nr. 144: Das Leiden, Holz
Kat. Nr. 145: Bretonischer Tanz (4 Figuren), Bronze
Kat. Nr. 146: Bretonischer Tanz (2 Figuren), Bronze
Kat. Nr. 147: Der Dudelsackpfeifer, Bronze
Kat. Nr. 148: Tintenfass, Bronze
Kat. Nr. 149: Spanischer Tanz, Bronze

**XXII. Ausstellung, Januar und Februar 1905**

Kat. Nr. 59: Porträtstatuette, Silber

Kat. Nr. 63: Porträtstatuette, Bronze

Kat. Nr. 76: Tanzendes Paar. Bronze

Kat. Nr. 80: Bretonische Ringer, Bronze

**XXVII. Ausstellung, November und Dezember 1906**

Kat. Nr. 77: Kastagnettentanz, Bronze

Kat. Nr. 78: Schreibzeug, Silber und Onyx

# Literatur zu Carabin
Auswahlbibliografie

**Aubenas 2001**
Aubenas, Sylvie, Comar Philippe: *Obscénités: photographies interdites d'Auguste Belloc, Verlag Albin Michel, Paris 2001*

**Auer 1975**
Auer, Michel: *Histoire illustrée des appareils photographiques*, Lausanne, Verlag Denoël, 1975

**Bade 1979**
Bade, Patrick: *Femme fatale: images of evil and fascinating women*, Verlag Ash & Grant, London 1979

**Barbin 2009**
Barbin, Evelyne; Le Nen, Dominique: *Sciences et arts: Représentations du corps et matériaux de l'art*, Vuibert, Paris 2009

**Bayard 1902**
Bayard, Emile: *Le Nu esthétique: l'homme, la femme, l'enfant: album de documents artistiques d'après nature*, E. Bernard, Paris 1902

**Bénézit 1976**
Bénézig, Emmanuel: *Dictionnaire des peintres, sculpteurs, dessinateurs et graveurs*, Band 2, Librairie Gründ, Paris 1976, S. 512

**Bonnet 2006**
Bonnet, Jacques: *Femmes au bain. Du voyeurisme dans la peinture occidentale*, Verlag Hazan, Paris 2006

**Boussel 1979**
Boussel Patrice: *Erotisme et galanterie au XIXème siècle*, Verlag Berger-Levrault, Paris 1979

**Brunhammer 1974**
Brunhammer, Yvonne: *L'Œuvre de Rupert Carabin (1862-1932)*, Katalogbuch anlässlich der Ausstellung in der Galerie du Luxembourg, Paris, Mai-Oktober 1974, Galerie du Luxembourg, Paris 1974, S. 239

**Brunet 2012**
Brunet, François: *La naissance de l'idée photographie*, Presse Université de France, Paris 2012

**Campbell 2006**

Campbell, Gordon: *The Grove encyclopedia of decorative arts*, Band 1, Oxford University Press, Oxford 2006

**Cartier-Bresson 2008**

Cartier-Bresson, Anne; Lebart, Luce: *Vocabulaire technique de la photographie*, Verlag Marval, Paris 2008

**Clark 1987**

Clark, Kenneth: *Le nu*, Band 1, Washington, National Gallery of Art, Princeton University Press, Princeton 1957 & Hachette Verlag, Paris 1987

**Coquiot 1901**

Coquiot, Gustave: *Biographies alsaciennes: François-Rupert Carabin*, Revue alsacienne illustrée, Nr. 4, November 1901, S. 141-149

**Coquiot 1907**

Coguiot, Gustave: *Les figurines de Carabin*, in: *L´Art Décoratif*, 1/1907, S. 25-30

**Coquiot 1914**

Coquiot, Gustave: *Cubistes, futuristes, passéistes: essai sur la jeune peinture et la jeune sculpture, Rupert Carabin. Ses figurines*; Librairie Ollendorff, Paris 1914, S. 242-253

**Corbin 2010**

Corbin, Alain: *Les filles de noce: misère sexuelle et prostitution au XIXème siècle*, Verlag Flammarion, Paris 2010

**Corvisier 2007**

Corvisier, Christian: *Cléo de Mérode et la photographie: première icône moderne*, Ed. du Patrimoine, Centre des monuments nationaux, Paris 2007

**Dagen 1998**

Dagen, Philippe: *Le peintre, le sauvage le poète. Les voies du primitivisme dans l'art*, Flammarion, Paris 1998

**Decker 1984**

Decker, Sylviane de: *Le nu photographique: art impur, art réaliste, Photographies*, 1984, S. 50 -75

**Dennis 1912**

Denni, Kelly: *art/porn - a history of seeing and touching*, Verlag Berg, Oxford/New-York 2009

**Dolinschek 1989**

Dolinschek, Ilse: *Die Bildhauerwerke in den Ausstellungen der Wiener Secession von 1898–1910*, Verlag Scaneg, München 1989

**Dubois 2014**

Dubois, François-Ronan: *Introduction aux porn studies*, Les Impressions Nouvelles, Brüssel 2014

**Eichholtzer 2014**

Eichholtzer, Étienne: *Le fonds photographique François-Rupert Carabin (1890*

*– 1915)*, *Le regard dévoilé*, Mémoire de recherche en histoire de l'art appliquée aux collections présenté sous la direction de Mme Dominique de Font-Reaulx Conservateur en chef du patrimoine, École du Louvre, Paris 2014

**Ewing 2000**

Ewing, A. William, *Le siècle du corps: 100 photographies 1900 – 2000*, Paris, La Martinière, Paris 2000

**Forest 2021**

Forest, Barbara: *Corps en movement – Les danseues de Francois-Rupert Carabin*, Musée d´Art modern et contemporain de Strasbourg, Straßburg 2021

**Frechuret 1993**

Frechuret, Maurice: *Charles Maurin et François-Rupert Carabin: les échanges de deux artistes à la fin du XIXème siècle*, Revue du Louvre, Nr. 2, April 1993, Paris 1993, S. 64-70

**Frizot 1994**

Frizot, Michel: *Nouvelle histoire de la photographie*, Bordas/Adam Biro, Paris 1994

**Froissart-Pezone 1997**

Froissart-Pezone, Rossella: *Quand le palais Galliera s'ouvrait aux ateliers des faubourgs*; Le musée d'art industriel de la ville de Paris, Revue de l'Art, Nr. 116, Paris 1997, S. 95-105

**Gaigneron 1993**

Gaigneron, Axelle: *L'indéfinissable Carabin*, Connaissance des arts, n°494, avril 1993, S. 41-46

**Gaillemin 2007**

Gaillemin, Jean-Louis, *Design contre design*, Katalog zur Ausstellung, Paris, Galeries Nationales du Grand Palais, Paris, 26.9.2007-7.1.2008, Réunion des Musées Nationaux, Paris 2007, S. 91

**Geffroy 1890–91**

Geffroy, G.: *A propos d´une bibliothèque du sculpteur Carabin*, in: *Revue des Arts Décoratifs*, 11, 1890-91, S. 42–49

**Heilbrun 2003**

Heilbrun, Françoise; Bajac, Quentin, *Orsay: La photographie*, Verlag Scala, Paris 2003

**Heitz 1965**

Heitz, Robert: *Un artiste savernois, injustement inconnu: Rupert Carabin (1862-1932)*, in: Bulletin trimestireis. Société d`Histoire et d´archeologie de Saverneet environs, 49/50, 1965, S. 23-24

**Hueber 1985**

Hueber, Jean-Jacques Hueber: *François-Rupert Carabin*, in: Nouveau dictionnaire de biographie alsacienne, vol. 6, 1985, S. 457

**Kendrick 1987**

Kendrick, Walter: *The secret museum: pornography in modern culture*, Verlag Viking, New York 1987

**Koenig 2021**

Koenig, Nelly: *L'École des arts décoratifs de Strasbourg de 1919 à 1939. Entre méthodes allemandes et méthodes françaises*, Thèse pour le diplôme, École nationale/Chartes, Chartres 2012, S. 428, 316

**Kramer 2001**

Kramer, Kolja: *Eine Dreiecksbeziehung für den französischen Impressionismus – Die Impressionisten-Ausstellung 1903 in der Wiener Secession*, in: Belvedere – Zeitschrift für bildende Kunst, Heft 3/2001, Wien 2001, S. 48-65

**Kramer 2003**

Kramer, Kolja: *Die Ausstellungspräsenz des französischen Impressionismus in der Wiener Secession und im Wiener Künstlerhaus 1877-1903*, Dissertation Universität Bern, Bern 2003

**Kramer 2022**

Kramer, Kolja: *Die Ankunft des französischen Impressionismus in Wien um 1900 – Die erste Ausstellungspräsenz von Degas, Manet, Monet, Pissarro, Renoir & Sisley im Wiener Künstlerhaus & in der Wiener Secession von 1877 bis 1903*, Verlag BoD, Norderstedt 2022

**Kramer 2024**

Kramer, Kolja: *Carabin und die Wiener Secession – Die Rolle des Delegierten im Beziehungsnetz der Wiener Secession bei der Ankunft des französischen Impressionismus und der französischen Avantgarde in Wien um 1900 – Wie die*
*Wiener Secessionisten Carabin, Engelhart, Moll und Bernatzik Werke von Bonnard, Degas, Denis, Manet, Monet, Pissarro, Renoir, Signac, Sisley, Morisot, Toulouse-Lautrec, Vallotton, Vuillard etc. für Wien organisierten*, Verlag BoD, Norderstedt 2024.

**Laurent 1998**

Laurent, Stéphane: *L'Art utile: les écoles d'arts appliqués sous le Second Empire et la Troisième République*, Éditions L'Harmattan, Paris 1998, S. 320

**Laurent 1999**

Laurent, Stéphane: *Les Arts appliqués en France, Genèse d'un enseignement*, Éditions du CTHS, Paris 1999, S. 684

**Lavedrine 2007**

Lavedrine, Bertrand: *Reconnaître et conserver les photographies anciennes*, éditions du Comité des travaux historiques et scientifiques, Paris 2007

**Lehni 1993**

Lehni, Nadine: *François-Rupert Carabin: 1862-1932*, Katalog anlässlich der

Ausstellung im Musée d'Art Moderne de Strasbourg vom 30.1.-28.3.1993 und im Musée d´Orsay vom 19.6.-11.7.1993,  Éditions les Musées de la ville de Strasbourg, Strassburg 1993, S. 159


**Lewinski 1987**

Lewinski, Jorge: *The Naked and the Nude*, Verlag Weidenfeld & Nicolson, London 1987

**MacDonald 2001**

MacDonald, Helen: *Erotic ambiguities: the female nude in art*, Verlag Routledge, London 2001

**Moynihan 2008**

Moynihan, Danny: *Private collection: a history of erotic pornography*, Other Criteria, London 2008

**Monnier 1991**

Monnier, Gérard: *Des Beaux-Arts aux Arts Plastiques. Une histoire sociale de l'art*, Ed. La Manufacture, Besançon 1991, S. 217

**Monneret 2000**

Monneret, Jean: *Catalogue raisonnée du Salon des Indépendants, 1884–2000*, Verlag Salon des Indépendants, Paris 2000

**Nead 1992**

Nead, Lynda: *The female nude: art, obscenity and sexuality*, Verlag Routledge, London 1992

**Pélissier 2007**

Pélissier, Claire: *L'estampe de sculpteur. Pierre Roche (1855 – 1922) et l'invention de la gyspographie*, Nouvelles de l'estampe, Nr. 214, Oktober-November 2007, S. 16 – 28

**Pernoud 2001**

Pernoud, Emmanuel, *Le bordel en peinture: l'art contre le goût*, Verlag A. Biro, Paris 2001

**Ritleng 1973**

Ritleng, Georges: *Souvenirs d'un vieux Strasbourgeois*, Culture alsacienne, Strassburg 1973, S. 188

**Robert-Jones 1960**

Robert-Jones, Philippe: *De Daumier à Lautrec. Essai sur la caricature entre 1860 et 1900*, Les Beaux-arts, Paris 1960

**Rouille 1986**

Rouille, André; Marbot, Bernard, *Le corps et son image: photographies du XIXème siècle*, Contrejour, Paris 1986

**Rouille 2005**

Rouille, André: *La photographie. Entre document et art contemporain*,

Gallimard, Collection Folio essais, Paris 2005

**Saunier 1900**

Saunier, Charles: *François-Rupert Carabin*; La Revue de l'Art, Nr. 11., 13. Januar, Paris 1900


**Schmidt 1904**

Schmidt, Karl Eugen: *Französische Skulptur und Architektur des 19. Jahrhunderts*, Verlag E. A. Seemann, Leipzig 1904

**Société des artistes indépendants 1965**

Katalog zur 76. Ausstellung: *Les Premiers Indépendants: Rétrospective 1884-1894*, Grand Palais des Champs-Élysées, 23.-16.5-1965; s. online: https://www.artistes-independants.fr/histoire-du-salon-sdai/(Abruf 20.12.2022)

**Solomon-Godeau 2001**

Solomon-Godeau, Abigail: *Genre, différence sexuelle et nu photographique*, dans La confusion des genres en photographie, sous la direction de Valérie Picaudé et Philippe Arbaïzar, BNF, Paris 2001

**Stasi 1997**

Stasi, Laure: *La Place de la Sculpture aux deux premiers Salons de la Rose+Croix (1892 et 1893)*, Mémoire de Maitrise, Université de Paris, Panthéon-Sorbonne, 1997

**Thiébaut 2011**

Thiébaut, Philippe: *Le Corps*, `Le Corps allégorique - arts décoratifs´, Paris, Hachette Education, 2011, S. 48

**Vigne 1986**

Vigne, Georges: *Sculpture et photographie*, Katalogbuch anlässlich der Ausstellung in den Galeries Nationales du Grand Palais, 10.4.-28.7.1986, Réunion des Musée Nationaux, Paris 1986

**Vouilloux 2002**

Vouilloux, Bernard, *Le tableau vivant: Phryné, l'orateur et le peintre*, Collection Idées et Recherches, Verlag Flammarion, Paris 2002

**Waller 2006**

Waller, Susan: *The Invention of the Model: artists and models in Paris, 1830 - 1870*, Burlington, Ashgate 2006

**Wood 2000**

Wood 2000, Ghislaine: *Art nouveau et érotisme*, 1. Edition London, V&A publications, London 2000

**Zuffi 2010**

Zuffi, Stefano: *Art et érotisme*, 1er éd. Milan, Electa, 2001, aus dem Italienischen übersetzt von Jacques Bonnet, Verlag Hazan, Collection Guide des Arts, Paris 2010